ESSAIS

SUR

QUATRE GRANDES QUESTIONS POLITIQUES.

DE L'IMPRIMERIE DE DOUBLET.

ESSAIS

SUR

QUATRE GRANDES QUESTIONS

POLITIQUES;

PAR C. A. SCHEFFER,

Auteur du TABLEAU POLITIQUE DE L'ALLEMAGNE.

A PARIS,

Chez PLANCHER, Éditeur des Œuvres complètes de Voltaire, en trente-cinq tomes in-12, rue Serpente, n°. 14;
Et chez L'AUTEUR, rue du Regard, n°. 1.

Mars 1817.

AVERTISSEMENT.

Ces Essais ayant été composés en peu de jours, et à l'occasion d'un ouvrage paru le 7 de ce mois, l'Auteur n'a pu s'attacher qu'aux *idées* : si son style est clair, il aura atteint son but.

PRÉFACE.

DANS un moment pareil à celui où nous nous trouvons, dans un moment où il est dangereux de dire certaines vérités, qu'un citoyen courageux élève sa voix indépendante, qu'il montre les dangers, qu'il indique le remède, il est du devoir de tout patriote d'applaudir à ces nobles efforts, de faire connaître son approbation le plus hautement possible, de prouver, par son assentiment, que les bonnes opinions ont pour soutien tous les hommes de tous les pays qui veulent pour eux la liberté, pour leur patrie l'indépendance.

Croit-on avoir trouvé quelques idées qui

viennent à l'appui de celles qu'on vient de publier, qui prouvent qu'on peut atteindre le but indiqué ; le devoir de soumettre ces idées à un public intéressé à examiner tout ce qui traite d'un certain objet, devient bien plus pressant encore.

Si, enfin, on a découvert dans un ouvrage brillant du plus rare talent, des idées les plus libérales, les plus patriotiques, quelques erreurs, ou des hommages rendus à des préjugés, il faut avoir le courage de les combattre, malgré l'infériorité dans laquelle on se trouve, soit sous le rapport du talent, soit sous celui de la défaveur que s'attire tout homme qui attaque des erreurs ou des préjugés populaires.

Ainsi nous nous proposons de rendre

hommage, dans cet écrit, à l'idée principale de l'auteur d'un ouvrage paru dans ce mois. Nous essaierons d'indiquer des causes qui rendent cette idée plus fondée encore et plus juste ; enfin, nous aurons le courage de le combattre quand il rend hommage à des erreurs, à des préjugés.

Pour donner plus de précision à nos idées, pour chercher à rendre cet écrit le plus utile possible, nous l'avons divisé en quatre chapitres, qui sont pour ainsi dire des essais sur autant de grandes questions politiques.

Le public français, qui a accordé quelque faveur à nos premiers essais, qui a pu y voir, nous osons le penser, les intentions et les idées d'un homme passionné pour le bien général, recevra, nous l'espérons, avec quelque indulgence, ces réflexions d'un *Patriote européen.*

ESSAIS

SUR QUATRE GRANDES QUESTIONS POLITIQUES.

CHAPITRE PREMIER.

De l'impossibilité d'asservir une grande nation.

Les Ministres, les Souverains qui oseraient concevoir à l'époque où nous vivons, dans un ordre de choses tel que celui qui existe, l'idée d'asservir, de tenir sous le joug, de se partager une grande nation, éclairée, industrieuse, libre, auraient conçu une idée atroce non seulement, mais encore ridicule.

Les Romains ont pu soumettre de vastes États, des royaumes immenses ; c'est qu'ils avaient affaire à des Rois, à des États, mais pas à des nations. Les peuples amollis ou barbares, abrutis par le despotisme de leurs gouvernemens, étaient façonnés au joug; peu leur importait d'avoir à leur tête un proconsul romain, ou un despote décoré du titre de Roi ou d'Empereur.

Les mêmes causes produiraient encore les mêmes effets. Une nation guerrière pourrait encore soumettre des peuples barbares, faits pour être esclaves d'un maître quelconque.

Mais qu'on puisse faire des provinces tributaires d'un pays habité par une nation généreuse, éclairée, idolâtre de la liberté, qui n'a jamais pu supporter patiemment un joug quelconque, est de la dernière impossibilité; il serait difficile même de nous faire croire à de pareils projets.

Ainsi, si toutes les puissances de l'Europe réunies voulaient soumettre la France, comme les Romains soumirent les Gaules, nous prétendons que la France repousserait l'attaque de l'Europe entière, qu'elle triompherait des armées les plus innombrables.

Ainsi, si la France voulait encore être conquérante, si elle voulait encore dominer sur l'Allemagne, nous prétendons que si même elle était soutenue par la Russie, par l'Autriche et tout ce qu'il y a de puissances militaires, les Allemands, forts de la bonne cause, finiraient par triompher de leurs ennemis.

Si on reconnaît ce principe, les conséquences sont faciles à déduire.

Une grande nation, si elle pouvait être soumise à la domination étrangère, ne devrait nécessairement tendre qu'à s'en délivrer (1).

---

(1) Nous avons dit, dans *le Tableau politique de l'Allemagne,* chap. IV, pag. 50 : « Aucun malheur plus grave (que la domination de soldats étrangers) ne peut arriver à une nation. Aussi, tant qu'elle l'éprouve, elle ne doit tendre qu'à s'en délivrer ; chaque jour appesantit ses chaînes, affaiblit ses forces ; les moyens dont elle aurait pu se servir contre ses ennemis, passent entre leurs mains. Ainsi, qu'elle tarde le moins possible à prendre la résolution de tout hasarder ; qu'elle se rappelle que sa situation est la plus malheureuse possible ; que rien de pire ne peut lui arriver ; qu'en pareil cas, le plus tôt est le meilleur. »

Quelle devrait être alors la direction que prendraient et les hommes exerçant quelque influence sur l'opinion publique, et les gouvernemens?

Voyons ce que la Prusse, conquise par Bonaparte, a fait pour s'affranchir du joug qui lui était imposé.

Les frontières de cet État n'étaient pas occupées par des soldats étrangers, mais toutes les provinces, toutes les places fortes étaient au pouvoir de l'homme dont les armées étaient plus formidables que celles de la coalition réunies. L'armée prussienne même servait les vues ambitieuses du conquérant, était commandée par ses généraux.

Les Prussiens perdirent-ils alors courage? Se plongèrent-ils dans l'apathie du désespoir? Ou bien ont-ils fait tout ce qu'on peut attendre d'une nation éclairée? Sans doute ils l'ont fait. Aucun homme ne se reposait chez eux. Tous ceux dont le nom, les vertus, les talens, ou une considération quelconque exerçaient quelque influence sur le peuple, se réunirent dans des sociétés secrètes; de ce point d'*union*, des émissaires courageux parcoururent le pays, ranimèrent le courage des habitans de la campagne, l'indignation de ceux des villes; ils préparèrent l'organisation de la *Landwehr*, de la *Landsturm*, excitèrent à tous les sacrifices, à tous les efforts possibles. Un homme d'un esprit ardent, élevé, se rendit de ville en ville, organisa par tout l'éducation de la jeunesse vers le grand but de la délivrance de la patrie, et la Prusse, État comptant alors *six millions* d'habitans, ruinée par une exploitation étrangère qui avait durée *dix ans*, eut trois cent mille hommes sous les armes dès que le tocsin fut sonné. Des légions de volontaires sortirent des villes, des corps francs s'organisèrent dans toutes les provinces, et la Prusse est sortie de cette lutte plus grande, plus puissante qu'elle ne l'était avant qu'elle eût subi le joug étranger.

Et la France, peuplée de *trente millions* d'habitans, dont aucun, de quelque parti qu'il soit, ne désire rien aussi ardemment que l'indépendance de la patrie, dont aucun ne soit prêt à tout sacrifier pour elle; la France, dont les ressources sont infiniment supérieures à celles de tout autre pays; la France, si jamais on pouvait nourrir le projet insensé de vouloir l'asservir, la soumettre, comme Bonaparte avait voulu faire de l'Allemagne; la France n'aurait qu'à vouloir pour être libre, pour recouvrer son indépendance.

Nous avons dit ce que la nation prussienne a fait dans des circonstances pareilles; il nous reste à dire comment s'est conduit alors le gouvernement prussien.

Il a laissé la liberté à tout homme courageux de publier ses pensées sur l'état de sa patrie, et d'éclairer ses concitoyens. Il a provoqué l'établissement des sociétés secrètes, et a secondé leurs efforts.

Si donc on voulait, de nos jours, remettre en vigueur le système de Bonaparte, système contre lequel tous les Rois et les peuples de l'Europe entière se sont coalisés, la nation qu'on voudrait en rendre victime pourrait puiser des leçons dans l'histoire des temps les plus récens ; elle y trouverait des exemples à suivre.

Nous sommes loin de vouloir comparer la situation de la France à celle de la Prusse en 1812 ; et c'est pour cela même que nous croyons pouvoir publier nos pensées.

Dans la perte même de la liberté, il y a plusieurs degrés de malheurs ; le dernier, sans doute, serait celui où on n'oserait pas même élever la voix pour réclamer ses droits, pour déplorer leur perte.

Un gouvernement ne peut vouloir abaisser une nation à un pareil degré de malheur. Il n'en existe pas qui n'ait le désir de voir la nation qui lui confie son sort la plus puissante, la plus indépendante possible.

Ce principe posé (et qui oserait le contester), un gouvernement qui, sans sa faute, par une suite d'événemens désastreux, s'est vu dans la triste situation de prendre les rênes de l'administration chez une grande nation, placée momentanément dans une certaine dépendance des cabinets étrangers, doit nécessairement prendre pour but principal de ses travaux, de ses efforts, de replacer cette nation au rang qu'elle doit occuper; de prévoir toutes les chances de l'avenir, et d'empêcher que cette dépendance momentanée ne puisse menacer de devenir durable.

Qui veut la fin, veut les moyens.

Ces moyens, nous les avons indiqués en parlant de ce qu'a fait la Prusse dans une situation bien plus désespérée que ne l'est celle de la France. Il faut que le gouvernement permette à l'opinion publique de se former, de se prononcer sur la grande question qui comprend ses plus chers intérêts. Il faut que le gouvernement, même avec les plus sincères intentions de remplir ses engagemens envers les hauts alliés, n'en prévoie pas moins le cas où il lui serait impossible d'y être fidèle. Encore une année défavorable comme la dernière, et cette impossibilité est là. Il faut que, pour n'être pas pris alors au dépourvu, il aït pour la défense de la patrie des *landwehr*, des *Landsturm* organisées et prêtes à servir. Il faut enfin qu'il se rappèle que, dans les relations extérieures, il représente une grande nation, à laquelle des malheurs n'ont pu ôter le sentiment de sa dignité et de sa force. Il faut qu'il sache répondre avec énergie aux notes diplomatiques qui se plaignent des expressions de quelque journal, ou d'un ouvrage qui n'a point été écrit pour leur plaire, mais pour éclairer l'opinion publique.

Voilà la marche que nous croyons que le gouvernemt *peut* et *doit* suivre. Voilà la conduite qu'il *peut* et *doit* tenir.

Alors la nation reprendra une attitude plus imposante. Des écrits sortis des têtes des hommes éclairés, prouveront à la France qu'il lui reste encore des ressources; aux cabinets étrangers, qu'il serait dangereux de pousser à bout une nation comme la nation française.

Alors se formera un point central et d'indépendance, qui, au besoin, agirait sur les extrémités mêmes du corps social.

Déjà la route est frayée. L'auteur d'un ouvrage qui a attiré l'attention générale, a expliqué avec le courage, avec la franchise qui le distinguent, le sens des traités de Paris. Il a prouvé que les cabinets sont unis d'intention au sujet de la France; et quoique nous sommes loin de leur supposer des vues pareilles à celles qui amenèrent le partage de la Pologne (pays inférieur en civilisation, en lumières, en puissance à la France), d'autres craintes, exprimées par l'auteur, sont assez fondées pour exciter de vives alarmes, pour préparer les esprits à tout souffrir ou à tout oser.

La Pologne fut partagée, parce que la nation polonaise, divisée en nobles et en serfs, n'intéressait pas assez les peuples, loin encore de la civilisation à laquelle ils sont parvenus maintenant.

L'intérêt des *nations* européennes est étroitement lié à celui de la nation française. Nous espérons donc que l'ouvrage en question sera lu et médité par les Français non seulement, mais par les Allemands, les Anglais, les Hollandais. Tous trouveront, dans la première partie, des lumières et des observations qui leur fourniront de grands sujets de réfléchir.

La seconde partie, ou le *remède*, ne nous paraît pas de la même force que la première. Que l'auteur nous permette de le dire, il n'a point assez réfléchi sur la situation des autres nations; il les confond trop avec leurs gouvernemens. Nous allons chercher à examiner si la politique extérieure qu'il conseille à la France est celle qu'elle doit suivre, ou bien s'il en existe une autre. L'auteur s est attaché à la *diplomatie* du dix-septième siècle : nous regrettons qu'il ne se soit pas plutôt tenu à la *politique des peuples*. Nous essayerons de prouver que c'est dans cette dernière seulement qu'on puisse trouver le véritable, le seul *remède* aux maux qui accablent la France, aux maux qui accablent la partie civilisée de l'Europe.

CHAPITRE II.

Quel secours étranger la France pourrait-elle trouver, en cas que son indépendance fût menacée?

En examinant la situation de la France relativement aux autres puissances, on doit être convaincu d'abord, avec l'auteur de l'ouvrage dont nous avons déja parlé, que nous n'avons rien à espérer des cabinets Anglais, Russe, Autrichien et Prussien, dont l'alliance paraît affermie par un intérêt commun bien puissant (1). Ainsi il ne reste que deux marches à suivre.

Exposons en premier lieu celle que propose

(1) Nous avons déjà cherché à indiquer les causes de cet accord dans le *Tableau politique de l'Allemagne*, chap. IX, pag. 83, où il est dit, que la France n'a rien à espérer des gouvernemens absolus et militaires, par la raison que leur intérêt est de la tenir dans un état d'abaissement qui ne leur laisse rien à craindre d'elle. La puissance d'un pays ne réside pas seulement dans le nombre de

l'auteur dont nous nous occupons, et offrons ensuite au jugement des hommes éclairés celle que nous croyons plus propre à nous mener au but désiré, celle qui nous paraît plus conforme aux idées, aux lumières, à la civilisation du siècle.

Se lier plus étroitement que jamais avec les États-Unis d'Amérique, qui seuls ont l'avantage de pouvoir être par tout où l'Angleterre est dangereuse, et l'attaquer par tout où elle est vulnérable; ramener le cabinet de Madrid dans le dix-neuvième siècle et dans l'Europe; renouveler l'ancienne alliance de la France avec les États Barbaresques, qui peuvent être redoutables à Malte et pernicieux aux Sept-Iles; ouvrir les bras au Grand-Seigneur, qui s'y jettera tout entier, si la France sait les lui ouvrir; renouer l'alliance avec la Suède, alliance qui donnerait à la France l'immense

---

ses habitans, mais aussi dans leur industrie et dans leurs lumières. Ainsi la France est plus puissante que l'Autriche et la Russie, d'autant plus qu'elle est composée de parties homogènes, etc.

avantage de pouvoir, à son gré, refuser ou livrer l'Allemagne à cette belliqueuse Suède; avec le Danemarck, à laquelle la France pourrait bien trouver plus tard une Norwège sur les frontières du Holstein; faire de la Diète Germanique un champ de bataille où Waterloo pourrait être réparé; renouer l'alliance avec les États secondaires de l'Allemagne, et rétablir dans ce pays l'influence française; se montrer à l'Italie, se réunir avec le Piémont, le Naples, l'État ecclésiastique; enfin, chercher des moyens, des ressources dans une action diplomatique. Voilà la politique extérieure que l'auteur conseille au gouvernement français de suivre (1).

Nous disons d'abord à l'auteur que nous croyons que c'est supposer bien peu d'habileté au ministère, que de penser qu'il n'ait tout fait ce que l'ancienne diplomatie apprend à faire;

---

(1) Cette politique est celle de tous les écrivains qui ne connaissent que l'ancienne diplomatie, ou qui s'y attachent encore de préférence; et c'est pour cela même que nous essayons de la combattre.

qu'il n'ait pas cherché à conclure des alliances qui semblaient faciles et naturelles. Voyons à quoi auraient pu mener les tentatives faites à cet égard auprès des puissances même que l'auteur indique.

Oui, les États-Unis ont l'avantage de pouvoir être présens par tout où l'Angleterre est dangereuse, et de pouvoir l'attaquer par tout où elle est vulnérable; oui, cette république glorieuse peut livrer à l'Angleterre une guerre avantageuse dans le Canada, sur l'immense Océan, sur les mers de l'Europe même; et sans doute une pareille guerre peut être utile à la France. Mais tandis que l'Angleterre combat avec ses propres forces dans l'Amérique et sur les mers, son or, sa politique font marcher contre la France les puissances qu'elle soudoie, *tous les peuples chez lesquels l'action qu'exerce l'opinion publique n'est pas plus forte que celle exercée par les gouvernemens* (1). Où sont alors les secours actifs que les Etats-Unis peuvent fournir à la France, qui,

---

(1) *Tableau politique de l'Allemagne*, pag. 8.

malgré cette alliance, se verrait abandonnée à ses propres forces. D'ailleurs, depuis les dernières vingt années, le gouvernement de Washington a suivi, dans sa politique extérieure, une marche peu faite pour nous porter à croire qu'il entreprendrait une guerre en faveur du pays qui l'a aidé à briser le joug anglais, quand il croirait que ses intérêts ne la demandent pas. Les Etats-Unis, pays nouveau, ayant besoin non seulement de ses capitaux indigènes, mais aussi des capitaux étrangers, et anglais surtout, pour vivifier son commerce et son industrie, ne craignent point une guerre avec l'Angleterre, mais sont loin de la désirer.

Si même on parvenait à arracher Ferdinand IV de sa *léthargie politique* (1), l'Espagne ruinée, engagée dans une lutte cruelle avec ses colonies du Nouveau-Monde, pourrait-elle se déclarer pour la France contre l'Angleterre? Le terrible aveuglement du cabinet de Madrid, qui l'em-

---

(1) Expressions de l'auteur de l'ouvrage que nous avons cité.

pèche de profiter des leçons de l'histoire, de reconnaître l'indépendance des vastes Etats de l'Amérique méridionale, le rend dépendant de l'Angleterre, qui n'a qu'à intercepter les communications pour faire évanouir le chimérique espoir du conseil de Ferdinand IV, d'éteindre la flamme de l'indépendance dans le Mexique, le Pérou, la Nouvelle-Grenade, de reconquérir encore ses mines d'or. D'ailleurs, l'Espagnol, invincible dans ses montagnes, dans la défense de sa patrie, ne pourrait plus lutter avec les troupes du reste de l'Europe, quand il ne combattrait point dans ses foyers mêmes.

Ainsi, d'un côté, l'alliance de l'Espagne ne serait pas d'un grand secours pour la France; de l'autre, cette alliance est devenue presque impossible par la position où le cabinet de Madrid se trouve placé par rapport à ses colonies et à l'épuisement de ses finances (1).

---

(1) On sait que moyennant la somme de 300,000 liv. sterl. et la promesse de fournir les vaisseaux de transport

Tout ce qu'on pourrait demander de ce côté, serait de ne pas avoir à combattre près des Pyrénées, quand on aura besoin de toutes ses forces du côté du Rhin, des Alpes et des Ardennes.

Quant à l'alliance avec les Barbaresques, et la protection qu'il faut leur accorder, elle ne servirait qu'à jeter sur le gouvernement français le même mépris que s'est attiré le cabinet de Saint-James à cause de l'impunité de ses pirates. Jamais ils ne pourraient être dangereux à l'île de Malte, et ils ne seraient pernicieux aux Sept-Iles que dans le cas où leurs généreux habitans, pleins de cet amour de la liberté et de l'indépendance qu'ils ont reçus en héritage de leurs pères, voudraient briser le joug anglais, qu'ils supportent impatiemment. Oui, l'auteur se réjouira avec nous du bombardement d'Alger, quand il réfléchira que le chef de ce repaire de

---

pour les troupes qui doivent se rendre en Amérique, l'Angleterre a obtenu la libre entrée de ses marchandises en Espagne.

brigands était l'allié le plus fidèle du ministère anglais ; quand il entendra la voix de l'Italie qui se plaint d'avoir vu arracher de ses rivages ses habitans qui se croyaient en sûreté sous la protection des vaisseaux et des forts anglais ; quand il entendra cette superbe cité, cette Gênes, autrefois si puissante, qui, si souvent châtia les pirates de la Méditerranée, accuser les ministres anglais de lui avoir enlevé ses derniers vaisseaux de guerre, d'avoir occupé les forts qui protègent son port, et d'avoir permis alors que les vaisseaux de ces brigands vinssent s'emparer au milieu de ce port, sous le canon anglais, entre une flotte anglaise, des bâtimens gênois qui s'y croyaient à l'abri de toute attaque. Cette malheureuse ville jura sans doute une haine éternelle à ses oppresseurs, quand elle vit la mer apporter sur le rivage les cadavres des habitans de Saint-Antonio, enlevés de leur paisible demeures, et massacrés en mer après avoir satisfait les brutales passions de leurs ravisseurs. Non, loin de tout cœur français, loin du cœur de tout homme civilisé, l'idée d'imiter le gouvernement anglais. Faisons des vœux plutôt pour châtier un jour nous-mêmes ces brigands *dont les forts sont déjà reconstruits, qui ont de nouveau vingt vaisseaux en course.*

L'alliance du Turc pourrait servir contre la Russie ou l'Autriche ; mais il est dominé par l'Angleterre, qui seule garantit Constantinople contre les armées russes.

La France ne peut point à son gré refuser ou livrer l'Allemagne à la Suède, qui n'est plus ce qu'elle était au temps de Gustave-Adolphe, pas plus que l'Allemagne, pays devenu un des plus puissans de l'Europe depuis que ses habitans sentent qu'ils forment une nation, depuis qu'ils désirent cette union, qui seule peut donner un allié à la France contre la Russie, l'Autriche ou l'Angleterre. Le gouvernement Suédois, d'ailleurs, a des obligations trop fortes à la Russie et à l'Angleterre pour se déclarer contre ces puissances. D'autres raisons s'y opposent encore.

Le Dannemarck a prouvé, dans les derniers

temps, ce que vaut son alliance. Cet Etat, épuisé, ruiné, a besoin de repos. La France ne peut lui procurer une autre Norwège sur les frontières du Holstein, puisque la France ne peut plus vouloir des injustices politiques, ne peut plus vouloir consacrer le principe qui a guidé le congrès de Vienne dans les traités de partage et d'indemnités.

La France ne pouvait réparer à Francfort le désastre de Waterloo, puisque les ministres réunis des Etats allemands avaient exclus toutes les puissances étrangères de leurs délibérations.

Si le roi de Piémont n'a pu encore obtenir les clefs de ses places fortes, il ne peut s'exposer à perdre les clefs des Alpes.

Les Bourbons de Naples, qui gouvernent un peuple lâche, amolli, sans vigueur, dont les Etats sont occupés par les soldats autrichiens, ne peuvent servir la cause de la France.

Le Pape ne peut faire pour nous que des prières : Dieu fasse qu'elles ne soient pas vaines.

En un mot, l'action diplomatique que la France pourrait exercer sur les puissances secondaires, est contre-balancée, paralysée par l'influence qu'exerce sur les autres *gouvernemens* l'action diplomatique de la coalition, ou, pour parler avec plus de justesse, de l'Angleterre.

Mais les *peuples* sont-ils aussi contre la France? Les crimes politiques du Directoire et de Bonaparte ont-ils faits des ennemis implacables de ces Italiens qui reçurent avec tant d'enthousiasme les Français, à l'aide desquels la noble race des Lombards devait reprendre sa place parmi les nations? de ces Bataves, qui appelèrent, qui invoquèrent les légions de la liberté, qui envoyèrent des députés à Paris pour presser leur marche? de ces Allemands (1), qui au commencement de la révolution reçurent les Français aux cris de *vive la liberté?*

---

(1) Nous sommes forcés encore de rappeler qu'en parlant d'*Allemands*, nous ne parlons nullement d'Autrichiens.

Ces peuples, envers lesquels tous les sermens furent violés, qui virent fouler aux pieds les pactes, faibles garans de leur indépendance, traités en provinces conquises par des proconsuls impériaux, non moins cruels, non moins avides que les proconsuls romains, ces peuples confondent-ils encore leurs oppresseurs avec la nation qui gémissait aussi sous la même tyrannie? Non, sans doute; les mêmes intérêts les rattachent de nouveau à la France. Si au commencement de la révolution ils furent entraînés par la même passion qui a produit tant de belles actions, et qui causa tant de crimes, maintenant ce sont encore les principes politiques qui les réunissent, et la nation anglaise doit se ranger par la force des choses dans l'union des peuples.

Pour bien faire sentir ceci, on n'a qu'à retracer la situation des nations éclairées de l'Europe.

La nation anglaise, dont une grande partie a toujours été attachée à la cause de la France, la nation anglaise gémit de se voir privée de nouveau de ses droits politiques, acquis au prix de son sang, de voir l'aristocratie ministérielle empiéter de jour en jour sur ses libertés, mal défendues par une représentation entièrement livrée au ministère, qui vient de voter encore des pouvoirs extraordinaires aux *hommes qui ont teint leurs mains du sang de leur pays* (1).

Cette nation sent enfin qu'elle perdra sans retour sa constitution, si elle n'obtient la réforme qu'elle demande, si elle ne parvient à renverser le ministère actuel et son système de politique extérieure et intérieure. Ainsi, l'Angleterre elle-même secondera les peuples contre son propre gouvernement. L'Angleterre, dont les habitans demandent si hautement la réduction de l'armée *inconstitutionnelle* et dirigée contre le peuple, saura vaincre elle-même cette armée. L'Angleterre, qui voit dans la misère générale le résultat

(1) Voyez *le Constitutionnel* du 5 mars, à l'article *Parlement impérial*, et le *Journal des Débats* du même jour.

et le fruit des guerres, saura triompher elle-même de l'esprit guerroyant de ses ministres.

Plutôt que de jeter les yeux sur les barbares, ou sur des cabinets sans puissance et sans volonté, tournez-les vers les peuples qui se sont acquis une gloire immortelle dans la défense de la liberté ; vers les Hollandais, qui sauvèrent l'Europe du joug espagnol ; vers ces Hollandais, liés à vous par la même politique, puisqu'ils se rappèlent le temps où leurs nombreuses flottes protégeaient leur commerce, où les Indes leur étaient soumises ; ce temps où ils allèrent brûler la flotte anglaise sur la Tamise, sous les yeux des habitans de Londres, qui jamais n'avaient vu un pareil spectacle ; ces Hollandais, qui ne peuvent oublier la perfidie du gouvernement anglais, qui, en pleine paix, s'empara de leurs vaisseaux retournant des Indes avec les richesses acquises par leur industrie, et qui si souvent viola envers eux les traités les plus saints ; ces Hollandais, qui dans les derniers temps ont essuyé de nouveaux outrages, qu'un peuple ne

5

peut souffrir avec indifférence, tant qu'il a conservé quelque caractère national. Ce sont les forces de terre et de mer des Pays-Bas qui serviront la cause commune contre le systême du gouvernement anglais, et qui la serviront plus puissamment que ne pourraient faire tous les Etats barbaresques, la Turquie et le gouvernement sarde.

Mais de tous les secours que la France peut espérer hors d'elle-même, le plus puissant, le plus utile et le plus efficace est celui de la *nation allemande.*

La coalition de Londres, dirigée contre la France, ne l'est pas moins contre l'Allemagne.

Que veut-elle donc à ces deux pays ? quels sont les motifs qu'on peut donner de sa politique ? Les voici :

Si la France pouvait respirer dans l'indépendance sous le gouvernement représentatif, résultat de la révolution, point de doute qu'elle n'arriverait bientôt à un degré de prospérité, de puissance, auquel un état gouverné d'une manière absolue ne saurait jamais atteindre. Un régime libéral, vivifiant en France l'industrie et le commerce, trop long-temps opprimés par le gouvernement militaire, lui donnerait bientôt les moyens de s'opposer au despotisme commercial exercé par l'Angleterre. Les cabinets de Londres, de Vienne et de Saint-Pétersbourg tiennent trop à leur suprématie pour souffrir jamais de bon gré que le résultat de la coalition de Pilnitz soit détruit.

Si l'Allemagne parvenait à l'unité politique, grand objet des efforts, des vœux de ses habitans ; si elle obtenait les constitutions, si solennellement promises et toujours attendues avec impatience, il se formerait au centre de l'Europe un état qui servirait de borne à l'ambition et à l'influence de la Russie, à la soif d'agrandissement qui dirige la politique de l'Autriche, qui mettrait une fin à l'influence du ministère anglais sur le continent, et l'empêcherait de recruter ses armées dans les petits Etats allemands, qui bientôt lui enlèverait le Hanovre..... Raisons suffisantes pour que la coalition de Londres s'oppose à l'accomplissement des vœux de la nation allemande, pour que les constitutions ne soient pas encore données, pour que la Diète germanique, annoncée avec tant de pompe, attendue avec une si vive impatience, montre à l'Europe le ridicule spectacle d'une assemblée convoquée pour reconstituer une grande nation, et ne s'occupant que de régler des pensions, et les petits différens des princes, que le congrès de Vienne n'a pu arranger.

Ce congrès, qui s'est beaucoup occupé des droits des souverains, et en aucune manière de ceux des peuples, a rendu à l'Autriche tout ce quelle possédait en Italie avant la révolution française; plus, la république de Venise, qui n'oubliera jamais que c'est pour la récompenser de s'être déclarée contre la France et pour l'Autriche que le cabinet de Vienne en a fait une province. Au reste, il paraît que la coalition n'aime point les républiques. Celle de Gênes aussi n'a pas trouvé grâce, et la nation italienne, qui n'a jamais fléchi lâchement sous le joug, est dans la coalition des peuples contre la coalition de Londres.

Voilà les secours étrangers sur lesquels la France peut compter. Nous laissons à juger au public éclairé, aux hommes qui ont approfondi les causes des grands événemens des dernières trente années, qui connaissent l'influence qu'a exercée sur ces événemens l'opinion des nations que nous avons citées, à juger si les causes que nous avons indiquées, qui les portent à se réunir à la France, existent en effet, et quelles pourraient être les heureuses conséquences de cette union.

CHAPITTRE III.

Des moyens de créer la Coalition des Peuples.

Nous avons dit dans les pages précédentes que la *politique des nations* était l'unique remède aux maux qui accablent la France et la partie civilisée de l'Europe.

Mais, dira-t-on, comment les nations peuvent-elles négocier des alliances, des traités? ont-elles des ambassadeurs, des corps diplomatiques?....

Le gouvernement français a perdu en 1814 une belle occasion, une occasion unique, et qui ne peut se retrouver, de se mettre à la tête de la politique des nations.

Si l'on avait envoyé au congrès de Vienne un homme célèbre par de grandes vertus, par un beau caractère, qui n'eût eu rien à se reprocher envers les peuples, qui jamais n'eût servi le despotisme de Bonaparte; si on avait donné à cet homme la mission de travailler pour les nations, de déclarer que le gouvernement français, ayant reconnu les droits civils des hommes, les ayant consacrés par une constitution conforme aux idées du siècle, désirait que ces mêmes droits fussent reconnus partout où ils étaient réclamés; que des constitutions pareilles à celle de la France fussent données partout où elles étaient promises, partout où elles étaient demandées; que c'était là le seul moyen d'empêcher que *la révolution ne fît le tour du monde;* si cet envoyé eût déclaré que la France ne voyait d'autre sécurité pour elle que dans une constitution fédérative des Etats germaniques, qui eût mis la nation allemande en sûreté contre l'esprit conquérant des Sclavons, la France se serait placée à la tête de l'opinion publique en Europe, son gouvernement se serait créé une prépondérance dont les peuples n'auraient point été jaloux, mais qu'ils auraient avouée avec reconnaissance.

On a envoyé au congrès de Vienne l'homme

qui, appuyé des baïonnettes du despotisme, avait négocié les traités de Presbourg et de Vienne.

Cette occasion perdue, toute action diplomatique sur les nations est devenue impossible. C'est à d'autres moyens qu'il faut avoir recours.

Nous allons répondre maintenant aux questions que nous avons posées au commencement de ce chapitre.

Non, les nations n'ont point d'ambassadeurs, de corps diplomatiques, mais elles ont un interprète, et cet interprète est l'opinion publique.

L'opinion publique est formée par tous les hommes qui expriment dans leurs discours, dans leurs écrits, les idées du siècle; qui, d'après cette base, indiquent les besoins des peuples et les moyens d'y satisfaire.

L'opinion publique agit sur la politique extérieure comme sur la politique intérieure (1)?

---

(1) *Voyez* le chap. IX du *Tableau politique*, dans lequel nous avons indiqué les effets de l'opinion publique sur la politique extérieure.

Depuis la révolution française, il s'est formé une *opinion publique européenne.*

C'est aux hommes qui influent sur l'opinion publique des diverses nations, à diriger l'opinion publique européenne vers le grand but de la réconciliation des peuples, de leur union pour un intérêt commun.

Pour cela, que faut-il faire? Bannir de tout ouvrage écrit dans un but d'utilité quelconque, toute expression qui peut offenser les peuples, qui peut humilier leur orgueil, leur esprit national, et par conséquent les exaspérer contre nous.

Ainsi, nous blâmons l'auteur de l'ouvrage dont nous avons fait mention, d'avoir rappelé constamment des noms, des événemens, qui offensent les autres nations, et qui, nous le disons au risque de déplaire à un parti très-nombreux, ne font rien à la gloire de la France, dont elle aurait tort de s'énorgueillir, que même elle doit déplorer.

Les journées d'Iéna, d'Austerlitz, de Lutzen, de Talavera, doivent être des jours de deuil pour la nation française, puisqu'elles ont fait périr l'élite de sa population, arrachée aux travaux utiles et productifs pour aller servir l'ambition d'un homme, pour être l'instrument d'oppression de peuples contre lesquels il n'existait d'autre sujet de guerre que la déclaration de guerre même. La bravoure, le courage sont l'appanage de tous les peuples; les motifs seuls en rendent l'emploi honorable. L'homme qui défend les frontières de sa patrie, qui vole à la défense d'un allié injustement attaqué, se couvre de gloire. L'homme qui se constitue le servile instrument d'un autre homme n'est que méprisable; son courage, employé pour une mauvaise cause, est comme celui d'un brigand, il ne peut l'honorer.

Ainsi, pour contribuer à la réconciliation, à l'alliance des peuples, gardons-nous de rappeler les victoires de Bonaparte et de ses généraux, comme des sujets de l'orgueil national français, comme des sujets de honte pour les autres peuples. Rappelons-nous surtout que ces victoires, en forgeant des fers pour les nations qu'on combattait, rivèrent en même temps ceux de la nation française; qu'elles ont attiré à la France les maux qui l'accablent maintenant; que si des canons prussiens ont été pointés en pleine paix sur le Louvre, c'est que des canons français avaient été pointés également sur le palais royal de Berlin (1).

---

(1) S'il était vrai, comme prétend l'auteur, que l'insolence d'un général ou de soldats suffisent pour élever *des murs de Chine* entre les peuples, la France verrait aujourd'hui de ces murs entre elle et toutes les nations de l'Europe. Il n'y en a pas qui n'ait des sujets de plaintes plus graves encore que ceux de l'auteur, qui, néanmoins, sont fondés. Nous avons été témoins, dans des pays étrangers, de tout ce que peut amener l'esprit d'injustice d'un gouvernement. Nous gémissions des insolences du militaire français, nous n'en étions pas moins indignés que ne l'est l'auteur, des insolences dont il a été le témoin, et que nous sommes loin d'approuver. Mais pour cela nous n'avons jamais pensé qu'il fallait élever des murs de Chine entre la France et le reste de l'Europe, parce que nous savions distinguer le *citoyen* des *soldats*, la *nation* de *l'armée*.

Si néanmoins on veut à toute force rappeler les événemens des quinze dernières années, déclarons alors que les nations y étaient pour la plupart étrangères. Rappelons alors, pour *la gloire*, pour *l'honneur* de la France, qu'elle gémissait elle-même des injustices, des atrocités commises dans les pays étrangers par des hommes indignes du nom français, depuis qu'ils étaient devenus les serviles instrumens du despotisme; par des hommes qui auraient rançonné les départemens de la France, comme les provinces de l'Espagne et de l'Allemagne (1); par des hommes

---

(1) Nous n'avons pas besoin de dire que nous ne voulons aucunement lancer un anathême général contre tous les militaires français. Parmi les généraux, officiers et soldats que la révolution, ou la nécessité entraîna dans les camps, il y en a eu un grand nombre qui ont mérité l'estime et la reconnaissance des peuples étrangers, comme ceux de leurs compatriotes. Nous pourrions en nommer plusieurs, dont nous serions fiers de mériter l'amitié et l'estime; mais ceux-là ont gémi eux-mêmes des excès qu'ils ont vu commettre et qu'ils n'ont pu prévenir, et nous osons nous flatter qu'ils approuvent ce que nous écrivons.

enfin, qui auraient sacrifié leur patrie à leur soif insatiable de richesses et d'*honneurs*.

Mais couvrons plutôt du voile de l'oubli ces temps désastreux, marqués par des événemens que la postérité aura peine à croire. Si on veut parler des victoires remportées par les armées françaises, rappelons alors ces journées immortelles, dans lesquelles les milices françaises, défendant les frontières de la patrie, défirent ce que la coalition de Pilnitz avait de troupes aguerries, de généraux célèbres; nous pouvons rappeler avec orgueil ces victoires, puisque les peuples, dont les armées et les gouvernemens étaient vaincus, applaudirent eux-mêmes à nos triomphes; puisque les guerriers français, en poursuivant en Allemagne les troupes de la coalition, y furent reçus avec enthousiasme et comme des frères. Ou plutôt invoquons l'avenir, invoquons cette époque où les nations, refleurissant sous les gouvernemens représentatifs, à l'aide du commerce délivré de toute entrave, auront toutes appris à s'estimer, où elles ne prendront les armes que d'un commun accord, quand il y aura des hordes de barbares à repousser, quand il y aura un peuple à délivrer des chaînes du despotisme.

Ne rappelons pas non plus que la *France a donné des rois à tous les trônes*. Nous avons pour les monarques tout le respect possible; néanmoins nous ne craignons pas de dire que si ces rois ont été les fléaux de leur pays, s'ils n'ont pu mériter l'amour des peuples qu'ils ont gouvernés, il n'y a point de gloire pour la France à les leur avoir donné. Mieux aurait valu sans doute leur avoir envoyé des hommes utiles, des savans, des professeurs, des maîtres d'école. Quant à l'avantage, il n'y en avait pas sans doute pour la France. Qu'on relise l'histoire de la guerre de la succession.

Ne regrettons pas non plus avec l'auteur que l'*Allemagne ne soit plus exposée aux envahissemens des Turenne et des Villars*. Non, réjouissons nous-en plutôt. Si l'Allemagne était encore exposée aux envahissemens des Turenne et des Villars, des Bonaparte et des Davoust, elle le serait également aux invasions des Suwarow et des Romanzow; et qu'elles en seraient les conséquences pour la France?

Pour agir sur l'opinion publique européenne, pour la diriger vers le grand but de la réconciliation et de l'alliance des peuples, voici le langage que nous croyons qu'il faut adopter.

RÈGLE GÉNÉRALE : *Ne jamais confondre les nations avec les gouvernemens.*

Ainsi, en parlant de la nation anglaise, ayons soin de ne jamais confondre sa politique avec la politique du ministère de Londres. Rappelons-nous toujours que c'est cette nation qui la première a établi chez elle ces principes de gouvernement que proclament maintenant les autres nations; que peut-être elle a fait plus qu'aucune autre pour les progrès de la civilisation et des lumières; que sous d'autres rapports encore, sous ceux des sciences et de l'industrie, l'Europe lui a de grandes obligations. Bien loin donc de souhaiter son malheur, faisons des vœux pour sa prospérité, pour son bonheur. Applaudissons à ses efforts pour forcer le ministère à adopter envers les autres peuples une politique conforme aux principes de la constitution britannique. Reconnaissons, enfin, que l'Angleterre, destinée à n'être qu'une puissance maritime, doit nécessairement avoir sur mer une supériorité qui la garantisse d'une conquête ou d'un envahissement de la part de quelque grande puissance continentale; supériorité, au reste, dont les nations ne seront plus jalouses, dès qu'elle ne sera plus un instrument entre les mains du ministère de St.-James, pour entraver, pour ruiner leur commerce; et les hommes libéraux de l'Angleterre redoubleront d'efforts pour diriger l'opinion publique de leurs compatriotes vers l'union des peuples.

Ainsi, en parlant de la nation allemande, au lieu d'exprimer le désir de la voir déchirée toujours par sa malheureuse division intérieure, nous ferons des vœux pour qu'elle parvienne le plus promptement possible à cette unité politique, qu'elle désire avec tant d'ardeur, et qui en fera le boulevard de la civilisation contre les Sclavons et les Tartares. La politique des cabinets a pour devise : *Diviser pour régner ;* la politique des peuples : S'UNIR POUR ÊTRE FORTS. C'est en prenant ce langage que nous donnerons aux hommes éclairés de l'Allemagne, qui ont déjà défendu la cause de la France avec tant d'ardeur (1), de nouveaux moyens pour diriger l'opinion publique de leur pays vers l'alliance des peuples et vers la réconciliation entière avec la France, avec cette France, qui la première du continent arbora les étendards de la liberté (2), qui la première sonna le réveil des peuples (3).

L'opinion publique européenne, qui détruisit la coalition de Pilnitz, cette opinion, plus forte

---

(1) *Voyez* les extraits de journaux allemands, qui se trouvent dans le *Censeur Européen.*

(2) *Tableau politique de l'Allemagne.*

(3) Article du *Censeur Européen.*

maintenant que jamais, devenue une puissance à laquelle il serait dangereux de vouloir résister, amènerait nécessairement la coalition de Londres à reconnaître que si la France se trouve dans l'impossibilité d'acquitter les milliards qui lui sont imposés, il serait imprudent de leur part de s'engager dans une lutte dans laquelle la nation qu'elle attaquerait, aurait pour elle tous les hommes qui pensent, tous les hommes qui agissent; de reconnoître que plutôt que d'exposer l'Allemagne à une révolution violente, et l'Angleterre à un bouleversement total, il faut se faire de la nécessité une loi, céder à la force de l'opinion publique européenne, accorder à l'Allemagne les libertés qu'elle réclame, la constitution fédérative qu'elle exige impérieusement; à l'Angleterre, la réforme parlementaire demandée par la presque totalité de la nation, et qui seule peut y ramener la tranquillité, mieux que pourront faire toutes les lois destructives de la liberté (1).

(1) Après avoir combattu dans ce chapitre la partie d'un ouvrage qui doit valoir à son auteur une réputation du-

Dans tous les cas, l'opinion publique européenne triomphera de tous les obstacles qu'elle aurait à combattre.

---

rable ; après avoir, dans l'intérêt de la cause même qu'il défend, critiqué quelques expressions que nous croyons nuisibles au succès de cette cause, nous nous faisons un plaisir de reconnaître, non seulement le talent remarquable qu'a déployé l'auteur, non seulement le grand nombre d'idées belles, profondes et grandes, qu'on trouve dans son ouvrage, mais aussi une qualité qui honore l'écrivain et l'homme à la fois ; c'est-à-dire, un caractère noble, franc, et qui ne craint rien quand il croit être utile à sa patrie. Une pareille qualité ne nous étonnera pas, quand nous savons que l'auteur a écrit, en 1815, dans les trois mois, que, si Bonaparte était le seul obstacle à la paix, il fallait l'offrir en holocauste au salut de la patrie.

CHAPITRE IV.

Quels sont les moyens de défense que la France doit chercher dans elle?

Nous avons indiqué, dans les chapitres précédens, les secours étrangers sur laquelle la France pourrait compter dans le cas où se trouvant dans l'impossibilité d'acquitter sa dette aux puissances étrangères, celles-ci eussent en effet les vues que leur suppose l'auteur de l'ouvrage que nous avons déjà cité.

Nous allons tenter maintenant d'exposer quelle est la force que la France doit chercher à organiser pour garantir son indépendance, ou pour la recouvrer.

Afin de faire mieux sentir la vérité de ce que nous voulons avancer, nous remonterons à l'origine des armées permanentes.

Du temps de la féodalité, tout homme était tenu au service militaire; en temps de danger, le chef de l'état pouvait appeler sous les étendards ses chevaliers et leurs vassaux, qui ne recevaient aucune solde.

Ce système devait gêner beaucoup les souverains, qui voyaient souvent leurs grands vassaux se déclarer contre eux, leur refuser leur secours, ou arriver trop tard pour l'exécution d'une entreprise projetée.

Pour s'affranchir de cette gêne, les rois créèrent donc les armées permanentes; ils eurent des *soldats*. Cette création avait pour but, d'une part, de détruire le pouvoir des seigneurs et d'établir le pouvoir absolu; de l'autre, de se procurer les moyens d'entreprendre des guerres de conquêtes, chose impossible avec des troupes non soldées.

Les Rois réussirent sous ce double rapport. La féodalité fut détruite. Les seigneurs, forcés de recevoir la solde, perdirent leur puissance; le pouvoir le plus absolu s'établit par toute l'Europe; les grandes guerres d'Etat à Etat se multiplièrent d'une manière effrayante, et remplacèrent les petites guerres de la féodalité.

Bientôt l'unique gloire d'un grand roi, le seul objet digne de ses efforts, fut de posséder une armée plus grande que celle du roi son voisin. De cette noble rivalité sortirent ces immenses armées, ces amas d'hommes, arrachés aux travaux productifs, pour consommer le fruit des travaux du laboureur, de l'artisan, du manufacturier et du commerçant.

Avec les armées, s'accrurent en même temps les impôts, les taxes de toute dénomination; elles menacèrent de tout engloutir; la liberté, la propriété et la vie des peuples.

Remarque à faire : il faut que les nations européennes soient douées d'une force vitale bien grande, d'une tendance bien irrésistible vers le perfectionnement, pour qu'elles aient pu résister à la force qui les ramenait à la barbarie, dont les négocians italiens, les savans grecs, les croisades et les maures d'Espagne les avaient tirés.

Le mal paraissait déjà parvenu à son comble lors de la guerre de sept-ans. On se faisait la guerre parce qu'on avait des instrumens tout prêts à la faire. Une armée permanente marche où on l'envoie; des milices naitonales volent aux frontières pour la défense de la patrie; ils rentrent dans leurs foyers quand l'ennemi est repoussé : il serait bien difficile de les faire servir à une guerre de conquête, à tenir garnison dans un pays étranger (1).

Bonaparte sut encore perfectionner le système militaire. Jamais des armées aussi nombreuses n'avaient paru en Europe, que celles qu'il conduisit en Pologne, en Autriche, en Russie. Aussi jamais les maux qu'entraînent à leur suite ces grandes armées, ne furent si énormes. Les taxes, les impôts, les contributions de guerre ruinèrent la France et l'Europe.

---

(1) « Quand retournerai-je dans ma patrie ? » nous disait un Prussien de la *Landwehr*, « mon frère est mort à mes côtés, mon père est mort dans la guerre précédente; nos champs, unique moyen de subsistance de ma mère, de ma famille, ne sont plus labourés. Dieu donne une longue paix aux Allemands, aux Français, qu'ils ne servent plus à se ruiner les uns les autres ».

Un *soldat* aurait-il tenu ce langage?

L'influence morale ne fut pas moins désastreuse. Bonaparte était parvenu presque à abrutir la masse de la nation française, à l'accoutumer au despotisme le plus révoltant, et sans les événemens qui amenèrent sa chute, la civilisation reculait de deux siècles.

L'excès du mal en a fait sentir la cause.

A peine Bonaparte fut-il embarqué pour l'île Sainte-Hélène, que les hommes supérieurs, réfléchissans sur la nature des désastres qui faisaient gémir toute l'Europe, reconnurent que les *armées permanentes* en étaient les principales causes.

Des écrits distingués (1) prouvèrent à l'Allemagne, à l'Angleterre, que ces armées ne servent qu'à ruiner le pays qui les entretient, à dépraver les mœurs publiques, à établir le despotisme; enfin, à rançonner les autres Etats, c'est-

---

(1) L'ouvrage le plus remarquable qui ait paru sur ce sujet, en Allemagne, est celui de M. Rotteck, dont une analyse se trouve dans le *Censeur Européen*.

à-dire, à servir dans des guerres d'agression et de conquête.

Les partis politiques, dans ces deux pays, se formèrent d'après cette idée. Dans l'Allemagne, surtout, le parti *démocratique* est opposé au parti *militaire* ou *aristocratique*.

En France (1), les hommes supérieurs se sont énoncés avec force pour le même but, et l'opinion publique commence déjà à se former sur les armées permanentes.

Une chose qu'il faut surtout apprendre aux peuples, c'est que les armées permanentes ne sont bonnes à rien, pas même à défendre les pays qui les entretiennent.

---

(1) *Voyez* le premier article du *Censeur Européen*, et tout le volume, écrit dans le même sens.

Avant le *Censeur Européen*, avait paru un ouvrage de M. A. Thierry, dans lequel on compare les *soldats* aux esclaves de l'antiquité. Son ouvrage, uniquement destiné à combattre toutes les idées militaires, assure à son auteur une place distinguée parmi les écrivains qui servent la bonne cause en France.

En effet, ouvrons l'histoire de notre temps; nous verrons les armées permanentes des puissances européennes, attaquant de toutes parts la France, dont les frontières ne sont défendues que par les miliciens français nouvellement accourus sous les drapeaux. Chez eux, le courage tient lieu d'exercice; le dévouement à la cause publique, de tactique; et les armées impériales et royales, battues et dispersées, attestent la supériorité de la milice sur les troupes soldées.

En 1814 et 1815, quelle différence! L'armée, composée de l'élite des vieux guerriers, éprouve une défaite. Paris est pris, et la France succombe....

En Allemagne, mêmes causes et mêmes effets.

A la bataille d'Iéna, une armée bien exercée, complètement équipée, est défaite par Bonaparte. Les Prussiens laissent quinze mille hommes sur le champ de bataille, et la Prusse est conquise.

En 1813, les milices prussiennes accourent sous les armes à la voix de la patrie. Ils ne connaissent pas le maniement des armes ; à peine ont-ils des fusils. Ils laissent plus de cent cinquante mille hommes sur les différens champs de bataille, mais des milices nationales défendent leur patrie, et l'Allemagne est sauvée.

Maintenant, la réponse à la question posée en tête du chapitre, devient facile.

Les armées permanentes ne peuvent plus défendre une nation attaquée par de grandes forces.

Les armées permanentes sont en opposition avec l'opinion publique européenne.

C'est l'opinion publique européenne qui doit sauver la France, et dissoudre la coalition de Londres.

La question est résolue. La France ne peut chercher des moyens de défense dans une armée permanente.

Que faire, alors ?

Ce que l'Allemagne a fait en des circonstances pareilles ? ce que la France a fait au commencement de la révolution.

C'est une *garde nationale*, divisée en premier, second et troisième ban, et dans laquelle entreront tous les *soldats* redevenus *citoyens*, qui seule pourrait servir la France, en cas qu'elle eût besoin de recourir aux armes.

D'autres nations réclament ce système de défense. La nation française, qui sait saisir toutes les bonnes idées, qui connaît d'ailleurs (et plus qu'aucune autre) le mal des grandes armées permanentes, du despotisme militaire qui les accompagne, les sommes énormes qu'elles coûtent aux peuples qu'elles ne peuvent défendre; la France restera-t-elle en arrière? non, elle réclamera bientôt ce système.

Ce système adopté, les guerres de conquête tombent, les haines et les jalousies nationales disparaissent : les armées permanentes perpétuent les unes et les autres, car toutes prétendent à une bravoure, à un courage supérieur au courage, à la bravoure des autres armées. Les guerres sont leur seul moyen d'avancement et de fortune.

Les milices nationales sauront-elles suffire à

la défense de leur patrie? L'histoire l'a prouvé; mais l'attaque aussi devient impossible presque. Qui oserait affronter une nation dont tous les citoyens sont armés pour la défense de leur indépendance?

Oui, gloire et honneur à l'homme qui vole sous les drapeaux de la liberté et de l'indépendance nationale, pour repousser une aggression injuste, pour chasser l'ennemi du sein de sa patrie. Gloire et honneur encore à l'homme qui vole au secours d'une nation alliée, attaquée injustement dans ses droits. Mais tant qu'existeront les guerres iniques d'ambition et de conquête, la honte et le mépris doivent être le partage des vils mercenaires qui se laissent conduire à la boucherie ou au massacre, pour obtenir la permission de porter un ruban à la boutonnière ou au cou, ou pour l'*honneur* de porter des épaulettes à graines d'épinards.

CONCLUSION

Du Patriotisme Européen.

Nous avons pris, dans la Préface de cet ouvrage, le nom de *Patriote européen*, et nous croyons l'avoir justifié dans ce que nous avons écrit.

Comme beaucoup de personnes pourraient attacher à ce nom un sens qu'il n'a pas dans notre esprit; comme on pourrait confondre les *patriotes européens* avec les *cosmopolites*, nous croyons nécessaire d'expliquer le sens que nous voulons donner à ce nom.

Un patriote européen est un Français qui croit être le meilleur patriote français possible, en désirant avec ardeur le bonheur, la liberté, l'indépendance des autres nations européennes; c'est un Allemand qui croit être le meilleur patriote allemand, quand il désire pour les autres nations européennes ce qu'il désire pour la nation allemande; c'est un Anglais qui déteste autant le système du ministère de Saint-James que peut le détester un Français, Allemand ou Italien; qui est persuadé qu'il faut que les autres nations prospèrent, que leur commerce fleurisse pour que l'Angleterre puisse prospérer, pour que son commerce puisse fleurir.

Le patriotisme européen doit être le caractère de tout homme qui veut servir la cause de l'humanité.

Si la France voulait encore être conquérante, si elle voulait encore dominer sur les autres nations, les patriotes européens iraient sur-le-champ se ranger sous les drapeaux des peuples injustement attaqués. Mais aussi, si l'attaque venait de l'Allemagne, de l'Angleterre, les Allemands, les Anglais, parvenus à savoir qu'en voulant opprimer une nation libre, ils se forgeraient des fers pour eux-mêmes, accourraient des premiers sous les bannières de la France, qui, alors, deviendraient les bannières de la liberté, de l'indépendance européenne.

FIN.

www.ingramcontent.com/pod-product-compliance
Lightning Source LLC
LaVergne TN
LVHW021524140926
848035LV00047B/1189

9782019692827